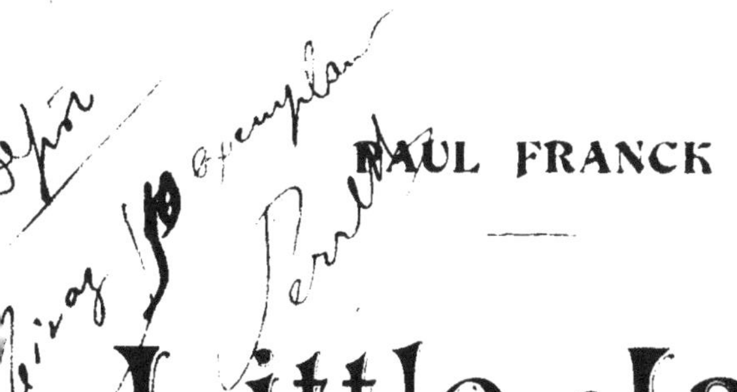

PAUL FRANCK

Little Jap...

OPÉRETTE JAPONAISE EN UN ACTE

MUSIQUE D'EDOUARD MATHÉ

Représentée pour la 1re fois à Paris, au Théâtre-Concert de la Scala, le 1[illegible] Janvier 1908

Livret : 1 fr. net

Partition : 3 fr. net

Georges ONDET, Editeur
82, Faubourg Saint-Denis 83
PARIS

1908

Little Jap...

À la plus adorable des interprètes,
à **Mariette SULLY.**

P. Fr. et Ed. M.

LITTLE JAP...

OPÉRETTE JAPONAISE EN UN ACTE

Représentée pour la 1re fois à Paris, au Théâtre-Concert de la Scala, le 17 Janvier 1908

PAUL FRANCK

Little Jap,,,

OPÉRETTE JAPONAISE EN UN ACTE

MUSIQUE D'EDOUARD MATHÉ

***Représentée** pour la 1re fois à Paris au Théâtre-Concert de la Scala le 17 Janvier 1908*

Personnages : 1 hommes, 2 femmes

(Société Dramatique)

Georges ONDET, Editeur
83, Faubourg Saint-Denis, 83
PARIS

1908

DISTRIBUTION

KOKIOU........................	Mlles Mariette SULLY.
KIRIMON........................	Paule MORLY.
SAKI-KANGO..................	M. FRÉJOL.

Répertoire de la Société des Auteurs et Compositeurs dramatiques
8, rue Hippolyte-Lebas, Paris

LITTLE JAP...

INTÉRIEUR JAPONAIS

Au lever du rideau, Kokiou et Kirimon sont accroupies.

Kokiou tient un livre et chante.

Kirimon joue du shamisen.

SCÈNE PREMIÈRE

KOKIOU, *chantant*

N° 1

Anoko mita sani jore kore kore wato sa
Si wo kaka ri na na si wokaka ri nana Boo
Sou nika pore Boo sou nika pore.
Sou nika pore Boo sou nika pore.

(*Un coup de gong se fait entendre. Kirimon pose à terre son instrument, salue sa maîtresse et sort. Elle revient presque aussitôt, tenant un plateau sur lequel est posée une dépêche*).

(*Kokiou prend la dépêche, décachète et lit :*)

KOKIOU

« Chère petite âme, ton mari revient ; ton mari se lave les pieds et les mains à deux pas, il se rince la bouche afin de te donner un baiser tout frais... Ton mari, retour d'Europe, sera dans tes bras tout à l'heure... Il te laisse le temps de te préparer à la joie de le revoir. Que le thé fume dans la bouilloire et que sa pipe soit bourrée d'excellent tabac... Ton mari arrive !..

« Saki-Kango. »

KIRIMON

Le cher-petit-gentil-chéri-ami-maître vous revient ! Quelle joie ! Quel bonheur !

KOKIOU

Quelle joie ! Quel bonheur ! Vite, Kirimon, prépare le thé et sa chère pipe !..

KIRIMON

Oui, dame-aux-yeux-de-pervenche-un-peu-mouillée... je vais tout préparer pour recevoir dignement le cher petit gentil chéri ami maître de la dame-aux-yeux-de-pervenche-un-peu-mouillée...

KOKIOU

N'omets aucune chose, Kirimon ; prépare aussi le saki et sa belle robe de chambre... Ah ! défais vite le lit — notre lit si bas qu'il faut descendre pour y monter — Que des parfums aussi flottent dans notre chambre à aimer ; fais brûler de l'encens et des cœurs de chrysanthèmes... (*Changeant de ton*). Dis, Kirimon, ma figure n'est-elle point trop laide ? Mes cheveux sont-ils en bon ordre ? Mes yeux sont-ils suffisamment brillants et mes joues assez roses ?..

KIRIMON, *avec admiration*

Ma maîtresse est jolie plus que la lune !

KOKIOU

C'est bien vrai, Kirimon... Ne penses-tu pas qu'il va me trouver changée et vieillie ?.. Songe que voici trois ans, — trois ans ! — que le cher petit gentil chéri ami est parti, que, pendant ce temps, il a vécu à Paris, où, paraît-il, il y a des femmes extraordinairement capiteuses... N'ai-je point à craindre la comparaison ?

KIRIMON

J'ai dit et j'affirme que ma maîtresse est plus jolie que la lune !...

KOKIOU

Tu me rassures... Va, petite Kirimon, et me donnes mon miroir...

(*Kirimon apporte le miroir et s'agenouille devant Kokiou en tenant le miroir*).

KOKIOU, *chante*

N° 2

Répondez-moi, petit miroir :
Dites, suis-je encore jolie ?
Ne me trouvez-vous point pâlie,
Ne vous fais-je pas peine à voir ?
Et mes cheveux couleur de soir
Plairont-ils encor ?.. et mes charmes
N'ont-ils point subi trop d'alarmes ?
Répondez-moi, petit miroir ?..

Répondez-moi, petit miroir ;
Dites-moi la vérité pure :
Que pensez-vous de ma figure,
N'est-elle pas horrible à voir ?
Puis-je conserver quelque espoir ?..
Vingt ans ! C'est un bien lourd bagage.
Plairai-je encor malgré mon âge ?
Répondez-moi, petit miroir !...

(*Tandis que Kokiou chantait, Kirimon a tout préparé*).

KIRIMON, *gaiement*

Tout est prêt, maîtresse-aux-yeux-de-pervenche... Le patron — comme dit notre voisine la dame française — le patron peut venir.

KOKIOU

As-tu mis un moine dans le dodo ?..

KIRIMON, *étonnée*

Un moine ?

KOKIOU

Oui, un cruchon bien chaud...

KIRIMON

Ah ! le cruchon... Je suis tellement émue que j'en oublie le français... Oui, Maîtresse ; dans une minute le moine reposera parmi la fraîcheur des draps...

(*Un faible coup de gong*).

KOKIOU

N'a-t-on pas gongué ?..

KIRIMON

Si, maîtresse... le gong a vibré...

KOKIOU

Le voilà, c'est lui !..

KIRIMON

Le gong a frémi : le maître arrive !..

SCÈNE II

SAKI *paraît ; il est habillé à la dernière mode parisienne. A son entrée,* KOKIOU *et* KIRIMON *se sont jetées à terre, en signe de respect.*

SAKI

Bonjour, petite !.. Relève-toi... (*A lui-même*) Oh ! que je suis bête : elle ne comprend pas le français !... Allons, voyons !.. Comment dit-on : relève-toi, en japonais ?.. Sapristi, j'ai oublié ma langue.

(*Effroi comique de Kokiou et de Kirimon. Elles lèvent la tête toutes deux*).

SAKI

Dans mes bras, petite femme aimée... Allons !.. (*Un petit temps*). Je vais faire de la pantomime... ça c'est compris partout.

(*Il lui tape sur l'épaule et lui fait signe de se lever*).

KOKIOU, *se levant*

Mon doux maître...

SAKI, *étonné*

Comment, tu parles le français ?..

KOKIOU

Oui, doux maître ; durant la longue absence ton esclave fidèle a appris cette langue...

SAKI

Ça c'est épatant !.. Mais pourquoi ne me l'as-tu pas écrit ?...

KOKIOU

Je voulais, petit, chéri, gentil ami, je voulais t'en faire la surprise...

SAKI

Ah ! bien ! tu peux dire que tu m'en bouches un coin...

KOKIOU *et* KIRIMON, *se regardant*

Bouches un coin ?..

SAKI

Ça, c'est du parisien... c'est pas du français... Mais viens dans mes bras !... et embrasse-moi...

KOKIOU, *finement et les yeux baissés*

A la Japonaise... ou à la Parisienne ?

SAKI

Comment, tu sais aussi embrasser à la Parisienne ?..

KOKIOU, *modeste*

Et comment !..

KOKIOU, *chantant*

N° 3

Veux-tu des baisers à pincette
Ou bien de longs, de gros baisers,
Baisers à la bonne franquette
Ou des baisers désordonnés ?..
Je sais les doux baisers de flamme
Et les baisers inattendus,
Baisers où je mettrai mon âme,
Baisers qui n'en finiront plus !...

Je connais maintenant la gamme
Des baisers jolis et pervers...
Mon chéri, ta petite femme
Te mettra la tête à l'envers !..
Durant ton absence, ô doux maître,
J'ai cultivé tous les baisers ;
Ils feront frissonner ton être
Tous ces chers baisers que je sais !...

Je sais les baisers sur les lèvres
Et les longs baisers sur les yeux ;
Je sais des baisers pleins de fièvres,
Et je sais des baisers joyeux !..
J'en sais aussi que l'on ignore :
Des baisers secrets, amoureux,
Des baisers inédits encore
Que nous goûterons tous les deux !...

SAKI

Alors, nous n'allons pas nous embêter ?..

KOKIOU

Tu parles !..

SAKI

Mais, dis-moi, petite Kokiou ?.. Qui t'a si amplement initiée ?..

KOKIOU

Les romans français...

SAKI

Ah ! je respire !... je craignais que quelque voyageur de commerce ne t'ait donné des indications personnelles !..

KOKIOU, *froissée*

Oh ! Saki, peux-tu penser une chose pareille !.. Ta Kokiou, ta chère petite Kokiou apprenant le baiser avec des professionnels !.. Ah ! Saki, tu me fais mal !

SAKI

Je te demande pardon d'avoir eu cette pensée... Bien que, dans le fond, tout ça n'ait aucune importance... (*Un temps*). Et, dis-moi, tu n'as pas eu d'enfant pendant mon absence ?

KOKIOU

Pas le moindre...

SAKI

Ah ! tant mieux !.. Et à quoi t'es-tu occupée ?

KOKIOU

J'ai peint des vers, j'ai fait de la musique, j'ai dessiné sur porcelaine...

SAKI

Du Japon ?...

KOKIOU

Non... de Saxe... Kirimon m'a enseigné l'art de faire de la bonne cuisine française et de la délicate pâtisserie viennoise...

SAKI

Très bien, très bien...

KOKIOU

J'ai élevé des vers à soie, puis de temps en temps, je suis allée au Yoshiwara...

SAKI

Au Yo... yo... shiwara ?..

KOKIOU

Oui : Yoshiwara.... Voyons, tu sais bien, les maisons de thé où l'on apprend à faire l'amour...

SAKI

Ah ! oui... j'avais oublié même les Yoshiwara !.. Et que t'a-t-on appris au Yoshiwara ?

KOKIOU

Toutes sortes de belles choses... la façon de recevoir son époux, (*elle passe derrière Saki*) où se trouvent ses endroits sensibles, comment on doit le titiller...

SAKI

Titiller ?

KOKIOU

Chatouiller, si tu préfères... De quelle façon il faut lui gratter le dos ou la nuque, ou le...

SAKI

Alors, dans les Yoshiwara ?

KOKIOU, *chantant*

N° 4

Tu sais qu'en nos maisons de thé
On enseigne aux jeunes personnes
L'amour, l'ardeur, la volupté
Et mille choses... polissonnes...
O mon cher chéri, tu verras
Combien je suis câline et douce...
Viens, mon aimé, viens dans mes bras
Goûter la petite secousse !..

(Kokiou chante d'abord seule le refrain, puis le reprend avec Saki).

REFRAIN

Cristi ! dans ces maisons de thé
On ne doit pas trop s'embêter ;
Si j'en crois ce que tu m'en dis,
Ces maisons c'est le Paradis !

KOKIOU, *chantant*

Viens dans mes bras, petit mari,
Que je te berce de tendresses...
C'est pour t'aimer mieux, mon chéri,
Que j'appris toutes les caresses ;
C'est pour qu'à ton heureux retour
Me trouvant savante et charmante
Tu te dises, mon cher amour :
Ma femme est aussi mon amante !

KOKIOU

Ensemble

Certes, dans ces maisons de thé,
Impossible de s'embêter.
Crois-en, chéri, ce que j'en dis :
Ces maisons c'est le Paradis !

SAKI

Cristi ! dans ces maisons de thé
On ne doit pas trop s'embêter ;
Si j'en crois ce que tu m'en dis,
Ces maisons c'est le Paradis !

KOKIOU

Et, maintenant, veux-tu que je te danse la danse qui fait fureur en ce moment à Tokio ? C'est un pas que l'illustre maître à danser Eugé-Nio m'a enseigné et que toutes nos petites Mousmés dansent le soir pour distraire et charmer leurs amants.

SAKI

Avec joie !

(*Danse de Kokiou*).

KOKIOU, *après la danse*

Alors, tu es vraiment content que je me sois... exercée en ton absence ?

SAKI

Naturellement, puisque c'est pour le bon motif...

KOKIOU, *modeste*

Evidemment, je ne pourrais pas lutter avec les femmes du monde de Paris ; mais, enfin, je ne suis pas trop novice...

SAKI

Oh ! les femmes du monde parisien !... Mais, ma chère, c'est du bluff... Elles ne sont pas au courant... mais pas du tout... les réputations sont bien surfaites... je suis allé dans les salons les plus renommés, je me suis fait présenter à Otéro, à Liane de Pougy, à... Ça n'a rien d'épatant.

KOKIOU

Mais Paris ! Paris lui-même ?

SAKI

Ah ! ça, Paris ! c'est merveilleux !.. Figure-toi... un... une... non, tu ne peux pas te figurer... Imagine-toi un... une... non, tu ne peux pas t'imaginer... Paris... c'est Paris — et ça dit tout...

KOKIOU

Mais ça ne me dit rien, à moi... Les hommes, comment sont-ils ?

SAKI, *il passe*

Peuh ! les hommes... nous sommes mieux qu'eux ; mais il y a des femmes adorables...

KOKIOU

Tu disais tout à l'heure...

SAKI

Adorables au point de vue physique, et surtout au point de vue de l'élégance... Ma chère... elles vous ont de ces dessous !... Des pantalons tout en dentelle... des chemises tout en dentelle, des bas tout en dentelle, des pieds...

KOKIOU, *un peu narquoise*

En dentelle ?...

SAKI

Non, pas les pieds... elles vous ont de ces corsets-mystères.... Ah !... Et des jupons... oh !.. Et des...

KOKIOU

Elles sont bien faites ?

SAKI

En général, oui....

KOKIOU

Tu as des photographies ?...

SAKI

Mieux que ça ! Je t'ai rapporté de Paris tout un trousseau de Parisienne....

KOKIOU, *joyeuse*

C'est vrai ?

SAKI

Regarde ! De tous tes jolis yeux, regarde !

(Saki ouvre le couvercle de sa malle et montre : jupons, jupes, corsage, chapeau, bas, etc., etc...)

SAKI, *il chante*

N° 5

Voici, gentille Kokiou,
Tous les dessus — et les dessous —
Petite mienne,
Les falbalas et les chiffons,
Les chemises, les pantalons
D' la Parisienne !

Veux-tu, chère, instantanément,
Egaler pour un seul moment,
Petite mienne,
Une élégante de Paris ?
J'ai là-dedans les derniers cris
D' la Parisienne !

Plonge et défais tous ces paquets ;
Tu trouveras jupons coquets,
Petite mienne,
Qui n'ont rien des jupons nippons ;
Ils sont de fabrication
Bien parisienne !

KOKIOU, *chantant*

N° 6

Petit mari
Qu'est-ce ceci ?

SAKI

C'est un chapeau.

KOKIOU, *enthousiaste*

Ah ! qu'il est beau !...
Et cette chose
Blanche — et si rose ?

SAKI

C'est un corset.

KOKIOU

Qu'il est coquet !...
Et ceci qu'est-ce,
Dans cette caisse ?

SAKI, *il montre une gorgerette*

C'est un... écrin.

KOKIOU

Qu'il est coquin !
Que tout ça c'est joli, chéri !

bis.

SAKI

C'est le dernier cri de Paris.

II

KOKIOU

Petit mari
Qu'est-ce ceci ?

SAKI

Un pantalon.

KOKIOU

Qu'il est mignon !...
Et cette soie
Que je déploie ?

SAKI

C'est un jupon.

KOKIOU

Qu'il est fripon !...
Et ceci qu'est-ce,
Dans cette caisse ?

SAKI

C'est un boa.

KOKIOU

J'en suis baba !
Que tout ça c'est joli, chéri ! | *bis.*

SAKI

C'est le dernier cri de Paris.

SAKI

Et, maintenant, gongue la nommée Kirimon...

KOKIOU

Pourquoi faire, petit, gentil, chéri ami ?

SAKI

Pour qu'elle m'aide à te dévêtir — d'abord, — puis à te revêtir ensuite !...

KOKIOU, *effrayée*

Je vais me fourrer dans tout ça ?

SAKI

Dam ! Si tu veux me rappeler Paris, si tu veux devenir Parisienne, il te faut essayer toutes ces franfeluches...

KOKIOU

Ça ne doit pas être facile à mettre ?...

SAKI

Nous allons faire cela en un tour de main..

KOKIOU, *appelant*

Kirimon ? viens, Kirimon ?...

SAKI

Et d'abord enlève ton... chose... ton machin.

KOKIOU

Mon kimono ?...

SAKI

Ton kimono !...

KIRIMON, *entrant*

Son kimono ?...

SAKI

Kirimon, enlevez le kimono à la dame.

KIRIMON, *scandalisée*

Devant le maître ?

SAKI

Derrière lui, si vous préférez...
(*Il se retourne*).

KOKIOU

Obéis, petite Kirimon... C'est pour devenir Parisienne !

(*Kirimon dégrafe Kokiou*).

SAKI, *chante*

N° 7

Dénoue avec art, mon enfant,
Ce vêtement inélégant
De forme ancienne,
Et dans un instant vous verrez
Apparaître à vos yeux charmés
La Parisienne.

KOKIOU, *chante*

C'est drôle, ça me fait un effet
Etrange et bizarre, ça me fait
Un peu de peine
De voir ce kimono tomber,
Et ta Kokiou se changer
En Parisienne !

(*Un peu mélancolique*).

Ensemble
Voici que glisse lentement
L'ancestral et lourd vêtement
Bleu tendre et rose.
Ainsi qu'un oiseau qui s'apeurt,
L'étoffe éclatante se meurt
Parmi les roses !...

SAKI, *lyrique*

Tes bras sont blancs comme un cou de cygne... ta gorge menue palpite comme un couple de colombelles.

Tu es délicieuse en ce déshabillé... Que sera-ce dans quelques minutes !... Quelle bonne idée j'ai eue d'apporter ces babioles ?

KOKIOU

Ne vais-je pas te paraître grotesque ? Ne vas-tu pas me trouver ridicule, ainsi affublée ?.. Il me semble que je vais ressembler a un jeune chien savant !

(*Saki et Kirimon commencent à habiller Kokiou*).

SAKI

Que dis-tu, profanatrice !... Un chien savant ! Mais tu vas être, si c'est possible, plus adorable encore...

KOKIOU, *elle indique le chapeau*

Ça se met par devant ou par derrière ?

SAKI

Par devant.

KOKIOU, *elle met le chapeau*

Et ça ?

(*Elle indique le corsage*).

SAKI

Par derrière...

KOKIOU

Et ça...

(*Elle indique le corset*).

SAKI

Par devant.

KOKIOU

Et ce grillage ?

(*Elle montre une voilette*).

SAKI

C'est la voilette.

KOKIOU, *s'habillant*

A quoi ça sert ?

SAKI

Tu demandes à quoi ça sert ?... Mais c'est le complément du costume féminin... La voilette est aux femmes de Paris ce que l'éventail est aux femmes de Tokio... La voilette qui sert le plus souvent, c'est celle de l'adultère.

KOKIOU, *surprise*

Il y a une voilette spéciale pour l'adultère ?

SAKI

Oui, c'est, généralement, un grand voile en Chantilly derrière lequel il est impossible de deviner les traits... Puis il y a la voilette du voyage... gaze blonde que l'on enroule autour du cou ; le voile, aussi, de la mariée : un long voile tout blanc qui traîne jusqu'à terre...

KOKIOU

Oh ! que ça doit être joli... On se marie beaucoup à Paris ?

SAKI

Enormément.

KOKIOU

Et ça se passe comme chez nous ? Une fois mariées, les femmes, comme on le fait ici, les femmes se rasent les sourcils ? (*Signe négatif de Saki*). Elles se noircissent les dents ? (*Signe négatif de Saki*). Est-ce qu'aussi les enfants se font de la même façon ?.. (*Pendant ce dialogue, Kokiou s'est habillée ; elle est prête*).

SAKI, *souriant*

Exactement... (*Un temps*). Mais regarde-moi... Sais-tu que tu es exquise ainsi... N'est-ce pas, Kirimon ?

KIRIMON, *prête à pleurer*

Ma maîtresse est plus jolie que la lune.

SAKI

J'allais le dire.... Marche un peu.

KOKIOU, *étonnée*

Ça marche aussi, les Parisiennes ?...

SAKI

Et comment !...

KOKIOU, *marche et s'embarrasse dans ses jupes*

On voit que je n'ai pas l'habitude de marcher...

SAKI

Ça viendra...

KOKIOU, *hésitante, après un temps*

Mon chéri, mon gentil petit mari...

SAKI

Que veux-tu, fleur d'héliotrope...

KOKIOU

Je voudrais... je voudrais redevenir moi-même... je voudrais quitter ces vêtements qui me gênent, qui font de moi, je le sens bien, une poupée ridicule... Il me semble qu'en changeant de costume, j'ai changé d'âme aussi... Je ne me sens pas à mon aise... j'ai presque envie de pleurer...

KOKIOU, *elle chante*

N° 8

Tout ça, vois-tu, c'est trop petit ;
Ça me serre, ça m'aplatit
Et ça m'étouffe.
Ah ! que je préfère bien mieux
Mon joli kimono soyeux...
Au moins, ça bouffe !

Tu diras ce que tu voudras,
Je ne peux pas bouger les bras,
Je me sens lourde...
Moi, si légère en kimono,
Je craque dans ce carako,
Je me sens gourde !

Je n'ose plus bouger, marcher,
M'asseoir, me lever, me coucher.
C'est pas ma faute !
J'ai l'air bête d'un mannequin,
Enlève-moi ce... casaquin ?...
Dis qu'on me l'ôte !...

(*Musique de scène*).

SAKI

C'est curieux, ce que tu ressens je le ressens aussi... pour moi !... Je dois te paraître grotesque dans ce costume, n'est-ce pas ?

KOKIOU, *simplement*

Oui... grotesque !... Kirimon, aidez monsieur à se déparisianiser. Kirimon, passez la robe de chambre au Seigneur...

KIRIMON

Avec plaisir, dame aux-yeux-de-pervenche-un-peu-mouillée !

KOKIOU

Et permets, cher petit gentil ami, permets que je redevienne moi-même... Laisse-moi me débarrasser de ces étoffes tristes (*elle enlève son costume*) et donne-moi l'ordre de revêtir ma belle robe couleur d'aurore, — je ne peux pas rester en chemise ! — Redevenons tous deux le gentil petit couple amoureux, et échangeons, dans notre langue, les mots jolis et semblables à un chant de petites fauvettes gazouilleuses.

SAKI

Sers-moi le thé, petite Kirimon, et bourre-moi ma pipe...

(*Tout en parlant, Kokiou s'est dévêtue et a remis son kimono. Saki a endossé le sien et, presque sans le vouloir, il s'est accroupi à la japonaise. Kokiou se place auprès de lui et lui verse le thé. Elle lui présente sa pipe qu'elle allume*).

KOKIOU

N'est-ce pas mieux ainsi ?.. Ne te trouves-tu pas plus toi-même, et ne m'aimes-tu pas davantage ?..

SAKI, *l'embrassant*

Si, si ki mi no no sa da... fé mi mi di !

KIRIMON, *qui a tout préparé, s'assied un peu derrière le couple et tend le livre que Kokiou lisait au lever du rideau.*

KOKIOU

Koui koui... Si na na... ô fé... mi mi di...

(*Kirimon prend son shamisen et se met à en jouer doucement : elle prélude, puis tous trois chantent le chant du lever du rideau, tandis que la toile baisse lentement sur le couple redevenu définitivement japonais*).

Anoko mita sani jore kore kore wato sa
Si wo kaka ri na na si wokaka ri nana Boo
Sou nika pore Boo sou nika pore.
Sou nika pore Boo sou nika pore.

RIDEAU

www.ingramcontent.com/pod-product-compliance
Ingram Content Group UK Ltd.
Pitfield, Milton Keynes, MK11 3LW, UK
UKHW021931190726
13853UKWH00002B/972